Les hamsters
n'ont pas de voix

Sophie Chérer

Les hamsters n'ont pas de voix

Illustrations
de Béatrice Rodriguez

Mouche
l'école des loisirs
rue de Sèvres, Paris

Du même auteur à *l'école des loisirs*

Dans la collection *Mouche*
Mathilde est tous les animaux
Ne me raconte plus d'histoires

Dans la collection *Neuf*
Une brique sur la tête de Suzanne
Le cadet de mes soucis
La seule amie du roi

Loi n° 49.956 du 16 juillet 1949 sur les publications
destinées à la jeunesse : septembre 1997
Dépôt légal : août 1998
Imprimé en France par l'Imprimerie IFC
à Saint-Germain-du-Puy

Pour Maxime Brandt
Marion Buecheler
Justine Caci
Alicia D'Agate
Giovanni Kundrus
Camille Pautou
et Mélanie Thuringer

CANINO

Mathilde avait tout pour être heureuse.

Elle avait une bonne santé, des parents qui l'aimaient, de la place pour jouer, des jouets pour s'amuser, des histoires à raconter, des amis plein le quartier.

Pourtant quelque chose lui manquait.

Mathilde avait envie d'avoir un animal.

– Tu as ton nounours et ton écureuil en peluche, disait Maman. Tu as tes colombes en verre filé. Ton chat en tricot. Ton cheval en bois. Ta grenouille en éponge, ton lapin en tissu. Tu as ta girafe en caoutchouc. Tu as énormément d'animaux !

Maman ne comprenait rien.

Mathilde le savait bien, qu'il y avait des animaux plein la maison. Des statuettes, des figurines, des objets, des reproductions. Des dalmatiens sur son caleçon. Sur sa taie d'oreiller, un roi lion. Des ours campeurs sur son papier peint. Il y avait même, dans le garde-manger, des gâteaux au chocolat en forme de dinosaures et, au réfrigérateur, des petits fromages découpés en loups ou en sangliers.

Mais ce n'étaient pas des vrais.

Ce n'était pas du tout ce que Mathilde voulait.

Mathilde avait envie d'avoir un animal en chair et en os, plein de poils, qui ne fasse pas pouêt-pouêt quand on lui appuie dessus, qui ne se laisse pas oublier dans un coin, qui l'appelle quand il a faim, qui pose sa tête contre sa main.

– Il y a des oiseaux dans le jardin, disait Papa en agitant les bras. Il y a des chiens chez les voisins. Il y a des chats

qui traversent la rue, il y a des moutons dans le pré d'à côté. Il y a des taupes sous la pelouse, des souris à la cave, des araignées au grenier ! Le monde est rempli d'animaux en liberté ! Il suffit de regarder, tout le monde peut en profiter !

Papa ne voulait pas comprendre.

Évidemment que la Terre était peuplée de bêtes. Depuis les pingouins du pôle Nord jusqu'aux manchots du pôle Sud, en passant par les tigres du Bengale et les renards de Sibérie ! Mathilde les aimait tous bien.

Mais ce n'étaient pas les siens.

Et ce n'était pas du tout ce qu'elle voulait.

Mathilde avait simplement envie d'un ami.

– Mélanie est ton amie, Justine est

ton amie, Camille est ton amie, Maxime est ton ami. Sans compter Marion, Alicia et Giovanni! disaient Papa et Maman. Tu as beaucoup, beaucoup d'amis. Ils viennent jouer à la maison. De temps en temps ils restent dormir. Vous vous racontez des secrets. Vous faites des batailles de polochon. Vous vous donnez un coup de main pour les devoirs. Un jour peut-être qu'on vous emmènera en vacances ensemble…

Ils n'avaient rien de rien, mais alors RIEN compris.

Bien sûr que Mathilde avait des copains, des cousins, des voisins, et même des collègues de travail. Mais ils ne vivaient pas avec elle. Ils n'étaient pas là tout le temps. Ils n'habitaient pas sous son toit. Ils se disputaient avec elle quelquefois. Ils ne faisaient jamais ses quatre volontés. Ils n'étaient pas toujours libres, pas toujours bien disposés. Et surtout, surtout, ils n'avaient pas besoin qu'on s'occupe d'eux. Quand elle leur donnait un bout de son gâteau, il leur arrivait de dire :

– Berk, j'aime pas ça.

Et de le flanquer par terre.

Quand elle leur disait :

– Viens ici !

Ils répondaient assez souvent :

– Non mais ho, t'es pas ma mère !

Ils n'aimaient pas beaucoup les câlins, les gestes tendres et les effusions. Quand on voulait leur prendre la main, on se faisait traiter de bébé. Quand on voulait faire un bisou, on se faisait traiter d'amoureuse, ce qui rime toujours avec ouah la menteuse, et qui est TRÈS désagréable.

Ce n'était pas du tout ce que Mathilde voulait.

Elle rêvait d'un museau frais, d'une fourrure à caresser, de traces de pattes sur le couvre-pieds.

Mathilde avait envie d'avoir un animal. C'était simple, et pourtant, c'était très compliqué.

– Un cheval, disait Mathilde.

– Tu es folle, répondait Papa. Où veux-tu qu'on le mette ?

– Alors un chat.

– Bbbbeeeh, disait Maman, j'ai horreur de ça !

– Bon, alors un hamster.

– Ah non ! disait Papa. Pour qu'il te donne encore des idées de mal manger, comme toutes les autres bestioles !* Les hamsters, ça se fourre de la nourriture plein les bajoues, comme ça, et puis après, ça la cache dans tous les coins... Merci !

* Voir dans la même collection : *Mathilde est tous les animaux*.

– Mais vous n'êtes d'accord sur rien! C'est mon anniversaire quand même! J'ai bien le droit de choisir un peu. Cette année, je ne suis plus un bébé. Je ne veux pas de poupées, de peluches, de machins tout immobiles. Je veux quelque chose de vivant, quelque chose de chaud, quelque chose de doux. Je veux un vrai animal avec des vrais poils et des vraies crottes de bique.

– On ne dit pas «je veux», dit Maman. Je veux que tu dises: «Je voudrais.»

– Je voudrais, s'il vous plaît, Maman et Papa doudou chéris d'amour, dit Mathilde, un hamster.

Pendant trois semaines, Mathilde est exemplaire. Elle s'habille en un clin d'œil, elle finit son assiette, elle se brosse bien les dents, elle fait son lit, elle ne réclame pas d'images chez le marchand de journaux, elle aide même Papa à laver la voiture.

Et le jour de son anniversaire, Maman l'emmène en ville dans la voiture toute propre. Mathilde n'ose pas y croire. Elle espère secrètement. Maman l'entraîne dans les rues. Et tout à coup, ça y est, elles se retrouvent dans un drôle de magasin qui sent le poulailler.

C'est fou ce que ça remue, là-dedans. Des centaines d'oiseaux chantent. Des centaines de poissons se taisent. Des centaines de cochons d'Inde grattent leur litière avec leurs pattes.

– Prends celui que tu veux, dit Maman devant la cage des hamsters.

Mathilde les observe un moment. La plupart sont en train de dormir, pelotonnés les uns contre les autres. La plupart sont blancs et roux. Mais un des hamsters est bien réveillé. Il se dresse de toutes ses forces. Il s'agrippe aux petits barreaux. Il tourne la tête dans tous les sens. Il ouvre grand ses yeux. Il est gris foncé. Il est différent.

– Celui-là, dit Mathilde. On dirait que c'est lui qui nous a choisies.

Maman offre au hamster une belle cage à deux étages, avec une maison-

nette, un biberon pour son eau, une mangeoire pour sa nourriture, une roue pour faire de l'exercice, un paquet de litière et une boîte de graines.

– Il a quel âge ? demande Mathilde à la vendeuse.

– Deux semaines.

– Comment vas-tu l'appeler ? dit Maman.

– Oréon.

– Oréon ? En voilà un drôle de nom !

– Ça fait très longtemps que j'ai préparé ce nom, répond Mathilde. Madame, ça vit combien de temps, les hamsters ?

– Deux ans à peu près, répond la vendeuse. Si on les soigne bien.

– Deux ans, ça fait pas beaucoup d'anniversaires à fêter, pauvre chou ! dit Mathilde. Si on lui fêtait son anniversaire des deux semaines ? Pour bien l'accueillir à la maison ?

Sitôt de retour, elle file dans sa chambre et revient en chantant, un gros ruban rose autour de la tête.

Oréon, Oréon !
Aujourd'hui c'est ton miniversaire
et on t'a offert

ce que tu désirais depuis toujours :
une petite fille
un peu fofolle
et des graines de tournesol !

*
* *

Et une vie nouvelle commence à la maison.

Il a fallu trouver le meilleur emplacement pour la cage d'Oréon. Mathilde a proposé sa chambre.

– Pas question, a dit Maman. Il va faire du raffut toute la nuit, et toi tu ne vas jamais dormir. On mettra la cage dans la cuisine.

Tous les soirs, au moment du dîner, Papa et Maman acceptent de poser la cage sur la table. C'est l'heure où Oréon se réveille. Il se dégourdit un peu les pattes, parfois il bâille en montrant ses dents pointues, il va farfouiller dans sa mangeoire pour voir s'il y trouve quelque chose d'intéressant, puis il commence ses acrobaties.

Une fois il se suspend par une patte au plafond de la cage, une fois il se glisse entre le plancher et sa roue et il rampe comme s'il devait crapahuter dans une galerie souterraine, un soir il se coince entre le haut de la roue et le plafond et il devient plat comme une crêpe ou un écureuil volant, tous les jours il invente quelque chose de nouveau.

Ce qu'il y a de bien, c'est que Papa et Maman ne pensent même plus à écouter les informations à la radio. Ils sont fascinés par le spectacle, eux aussi.

– Regarde comme il ronge ses barreaux !

– C'est pour se faire les dents. S'il ne rongeait pas quelque chose à longueur de journée, ses dents pousseraient trop, elles lui transperceraient la mâchoire !

– Tiens, il n'a pas touché à ses grains de maïs, il n'aime que le tournesol et les petits pois secs.

– Ah non, tu manges ton maïs, et pas de chichis !

Ils ne parlent plus que de lui. Enfin, ils s'intéressent à quelque chose d'intéressant.

Un jour, Papa se lève au beau milieu de ses spaghettis à la carbonara, il ouvre la petite porte de la cage, il prend Oréon roulé en boule dans sa main, et il le pose sur la table.

– Vas-y, mon beau, dit-il. À toi la liberté !

Oréon commence par s'accrocher une griffe à la nappe.

– Eeeh ! Ma nappe toute neuve ! dit Maman.

Mathilde aide la griffe à sortir du piège de coton. Oréon se balade tout autour de la table, il renifle, il inspecte. Hop il attaque un couteau !

– Mon Dieu, mais c'est qu'il va se faire mal ! crie Maman.

– Ne t'inquiète pas, il sait ce qu'il fait.

Et hop ! Il entreprend l'ascension de l'assiette de Papa par la face nord, celle où il reste le plus de lardons. Vite ! Il en attrape un, va se cacher derrière la carafe et le cale entre ses petites pattes pour le grignoter. En moins de deux, le lardon a disparu.

– Prends exemple sur lui, Mathilde, dit Maman. Il ne se fait pas prier pour terminer son assiette.

Oréon est de retour devant Papa. On dirait qu'il fait le beau.

– Tiens, mon chéri, dit Papa en lui tendant un deuxième lardon fumé.

Mathilde est un peu jalouse, à la longue. C'est SON hamster, oui ou non ?

– Si ça continue, je vais vous en offrir un à chacun pour la fête des Mères et des Pères, comme ça vous n'embêterez pas le mien.

Enfin, Oréon finit par venir vers elle, il se penche tout au bord de la table, vers le vide, il est prêt à sauter, mais la table est haute. Mathilde le met sur son bras avant qu'il ne soit trop tard. Il se met à grimper le long de la manche, jusqu'à l'épaule. Ça chatouille délicieusement. C'est le meilleur câlin du monde.

– Regardez ma belle écharpe !

Mathilde le caresse tout doucement. On sent des os minuscules et fragiles sous le pelage soyeux. Elle le saisit délicatement et le pose sur le sommet de sa tête, en louchant à moitié pour essayer de l'apercevoir.

– Regardez mon serre-tête en fourrure, le plus joli de ma collection !

Avec la peau de Babybel, Mathilde fabrique deux nez rouges, un gros pour elle, un miniature pour Oréon. Mais il ne comprend pas du tout que c'est un accessoire de clownerie et il commence à le ronger.

*
* *

Mais il est tard, il faut aller se coucher.

Tout le monde se lève pour débarrasser la table.

– Remettons-le dans sa cage pour la nuit, dit Papa. Mais où est-il passé ?

Oréon a disparu.

– Il n'est pas tombé de la table, quand même ?

– Non, on l'aurait entendu.

– Regarde quand même par terre.

– Il n'y a rien.

– Sous ta serviette ?

– Non.

– Oréon ! Oréon ! crie Mathilde, un peu paniquée.

Tout à coup, la corbeille à pain est prise d'un drôle de tremblement. Une tranche se soulève doucement, une autre passe par-dessus bord. Oréon, couvert de miettes, est en train de nettoyer le fond du panier.

– C'est pas Oréon, c'est ramasse-miettes qu'on va t'appeler, dit Maman.

Il se redresse, se passe les pattes sur la tête, sur le museau, sur tout le corps avec frénésie, comme s'il était devenu zinzin.

– Quel bonheur, le jour où tu feras ta toilette comme ça, Mathilde, soupire Papa.

Mathilde pense qu'en ce moment Oréon ressemble à un rouleau poilu de lavage de voiture miniature, sauf que sa teinte est plus discrète. Un rouleau de lavage en train de s'autonettoyer. Elle imagine un nouveau jouet, un garage pour modèles réduits, avec la pompe à essence et le pont mécanique, mais aussi le lavage automatique vivant : deux hamsters debout entre lesquels on ferait avancer des toutes petites voitures qui leur chatouilleraient les côtes.

– Bonne nuit, Oréon! dit Mathilde en partant à l'école le matin.

En général, il est déjà pelotonné dans sa maison. Quand Papa et Maman ont le dos tourné, Mathilde en profite pour toquer trois petits coups sur le toit à travers les barreaux. Alors il sort un bout de nez où s'accrochent des fils de coton, comme si son bonnet de nuit lui pendait sur le front, il cligne des yeux, il vérifie qu'il n'y a rien à manger et il rentre se rouler en boule.

Mathilde a l'impression d'être une travailleuse très courageuse qui se lève à l'heure où les autres vont se reposer et qui affronte seule la noirceur et la froidure.

*
* *

Un soir, elle rentre de l'école complètement déprimée.

– Tu as eu une mauvaise note? demande Maman.

– Non non.

– Un… zéro?

– Mais non, je te dis, c'est pas ça.

– Tu t'es disputée avec Alicia?

– Pas du tout, on s'adore.

– Tu as perdu un objet auquel tu tenais?

– Non, Maman.

– Alors qu'est-ce qui se passe, mon petit chou? Tu as des soucis? Tu sais que tu peux tout me raconter.

– Tous les hamsters sont morts.

– Comment ça, mon bébé, tous les hamsters sont morts? Une maladie, tu veux dire? Une épidémie? Où as-tu entendu ça?

– Tous les hamsters de mes amis, tous ceux qu'ils ont eus un jour. Ils sont morts maintenant. Il n'en reste pas un seul.

– Mais Oréon est bien vivant, dit Maman en prenant Mathilde dans ses bras. Moi aussi, tu sais, quand j'étais petite, j'ai eu des hamsters et ils sont morts. Mais ils ont eu une très belle vie.

– Ils sont morts comment?

– De vieillesse, je suppose.

– Ils avaient quel âge?

– Je ne sais plus, deux ans, deux ans et demi.

– Tu trouves que c'est une belle

vie, de mourir de vieillesse à deux ans et demi, eh ben je voudrais t'y voir!

– Mais pour eux c'est normal! Voyons, qu'est-ce qui te met dans cet état?

– Aujourd'hui, je n'ai entendu que des horreurs. J'ai raconté à tout le monde que j'avais un hamster, et ils m'ont tous dit que les leurs étaient morts de ci, de ça, un tué par le chat qui l'avait confondu avec une souris, un autre écrabouillé au fond de sa cage parce qu'il était tombé sur le dos pendant une acrobatie, et le plus affreux, c'est celui de Maxime. Chez eux ils ont un grand vase, tu vois, le dessus est tout rugueux, granuleux, on peut l'escalader, mais l'intérieur est tout lisse, une fois qu'on est au fond, c'est impossible de remonter. Un jour, ils l'avaient laissé courir dans l'appartement. Au bout d'un moment ils ne l'ont plus trouvé. Ils devenaient dingues, ils le cherchaient partout. C'est en faisant le ménage, dix jours plus tard, que sa maman l'a

trouvé. Il était mort de faim et de soif au fond du vase. Il ne pouvait pas appeler, tu comprends? Le problème avec les hamsters, c'est qu'ils n'ont pas de voix, ils ne peuvent jamais se plaindre, dire s'ils ont mal, ce qui ne va pas.

– C'était un accident, dit Maman. Ça n'arrivera pas, je te le promets. On fera très attention. Regarde comme il dort bien.

– J'ai tout le temps peur pour lui, dit Mathilde.

*
* *

Papa rentre de son travail. Il est tout heureux car il vient de prendre l'apéritif avec Maurice, un de ses plus vieux copains, et ils se sont raconté leur vie pendant deux heures.

– Je crois qu'il regrette le temps où il était instituteur. Au début, il était tout feu tout flamme pour le journalisme, et puis il s'est fait nommer il y a trois mois à la rubrique des chiens écrasés, et là il déchante.

– Qu'est-ce que ça veut dire « déchante » ? demande Mathilde.

– Ça veut dire qu'il est déçu, qu'il n'est pas heureux comme il l'espérait dans son nouveau travail.

– Parce qu'il est obligé d'écrire des horreurs tristes sur des accidents ?

– Non, rigole Papa. La rubrique des chiens écrasés, ça veut dire tous les petits trucs sans importance, les nouvelles nulles qui n'ont aucun intérêt, la mère Michu qui a perdu son chat…

– Eh bien moi je trouve que c'est la rubrique la plus importante dans un journal, le coupe Mathilde en se fâchant tout rouge. Quand on a perdu son chat, on est malheureux ! Quand un chien s'est fait écraser, les enfants qui l'aimaient pleurent toute la journée ! On a du chagrin, figure-toi ! Et ceux qui sont sans intérêt, c'est les crétins comme ton copain Maurice, qui ne comprennent pas ça ! Et moi je trouve que c'est pas des nuls comme lui qu'on devrait mettre à cette rubrique-là, mais les meilleurs journalistes du monde ! Viens, mon chéri, dit-elle à Oréon en empoignant sa cage.

Et elle l'emporte au loin, à l'abri des sans-cœur.

Cette nuit est une nuit spéciale.

Elle ressemble un peu à la nuit de Noël ou à celle de Pâques. C'est une nuit où l'on va essayer de toutes ses forces de rester éveillé jusqu'au jour, où l'on se tend tout entier pour mieux guetter les bruits de pas, de portes, de pattes. Une nuit où l'on va tenter de voir ce qu'on ne devrait JAMAIS voir.

C'est la Nuit du Hamster.

Dès qu'elle n'entend plus aucun murmure du côté de la chambre de ses parents, Mathilde sort de sa couette, se souvient de NE PAS enfiler ses chaussons qui couinent, et traverse le couloir jusqu'à la cuisine, en prenant bien garde de poser d'abord le talon de chaque pied par terre, contrairement à ce que racontent les histoires. Les histoires

vous disent tout le temps que les cambrioleurs, les évadés et les faiseurs de surprises en général se sauvent sur la pointe des pieds. Sous-entendu pour faire le moins de boucan possible.

Mathilde a essayé. Ça ne marche pas

du tout. C'est sur la pointe que ça grince le plus. Sans compter qu'on se fait mal aux orteils. Le contraire marche mieux.

Elle allume dans la cuisine.

Oréon est en pleine activité. Il a l'air tout content de voir arriver Mathilde à l'improviste. Il se transforme en petit chimpanzé. Il ne lui manque que les cris.

– On ne se voit pas assez ! dit Mathilde. Tu ne pourrais pas faire le contraire, juste une fois, pour me faire plaisir ? Il existe bien des humains qui travaillent la nuit et qui dorment le jour. Tu pourrais faire ça de préférence un mercredi ou un dimanche, que je puisse en profiter. À moins que…

Mathilde a une idée.

Elle y pense de toutes ses forces.

C'est bon d'être seule à la cuisine, la nuit, dans l'appartement silencieux, avec Oréon qui fait ses galipettes. C'est comme d'assister à la répétition d'un spectacle que les autres ne pourront voir que bien plus tard, ou jamais.

– Tu n'as toujours pas touché à la carotte aux sels minéraux que Papa t'a rapportée, coquinou !

Mathilde lui met la carotte en pierre tendre sous le nez. Oréon se détourne très dignement. Puis il revient vers la carotte, mais c'est pour la recouvrir à toute vitesse de litière pleine de pipi.

– Mais c'est pour ta santé, bon sang ! Pour que tu prennes des forces !

En guise de réponse, il se lance dans une série d'acrobaties plus réussies que jamais. Le crouic-crouic de la roue devient berceur, Oréon passe et repasse comme dans un rêve. Mathilde s'endort sur la table de la cuisine.

*
* *

Maman déboule, affolée de ne pas l'avoir trouvée dans son lit ni à la salle de bains.

– Mathilde ! Qu'est-ce qui se passe ?

Mathilde pleurniche un peu.

– Je voulais voir mon hamster. Je ne le vois jamais.

– Tu l'aimes tant que ça ? Allons, viens te coucher.

– Je pourrai le mettre un peu dans ma chambre ?

– On a déjà discuté de ça, Mathilde, c'est non.

– Juste de temps en temps. Par exemple demain matin. Il va devenir fou s'il voit tout le temps le même décor, il va se croire en prison.

– Nous sommes demain matin. Il

est minuit passé. Allez, prends la cage dans ta chambre pour cette nuit, au point où tu en es... Mais gare à toi si tu as du mal à te lever tout à l'heure !

– Génial ! Merci Maman chérie !

Mathilde ne se rendort pas tout de suite.

Elle profite de la nuit spéciale pour préparer un plan.

Il faut qu'Oréon découvre le vaste monde. Et d'une.

Il faut que les copines de l'école fassent la connaissance d'Oréon. Puisque tous leurs hamsters sont morts. Ça les consolera un peu d'en voir un vivant. Et ça leur rappellera de bons souvenirs. Et de deux.

Conclusion : il faut emmener Oréon à l'école. Juste une petite matinée en cachette. C'est le moment ou jamais, puisque la cage est dans la chambre. Mathilde a promis, en échange, de la nettoyer de fond en comble.

Mais dans quoi l'enfermer pour qu'il ne se sauve pas ?

Mathilde passe en revue toutes les possibilités. Une boîte en carton, pas question. Il avait grignoté celle du magasin sur le chemin du retour. Une boîte en plastique, surtout pas, il pourrait mourir étouffé. Elle rallume. Elle fouille ses tiroirs à la recherche d'une solution. Oréon se déchaîne dans sa cage à la vue de ce chambardement. Et tout à coup, miracle : la chaussette de Noël !

C'est une chaussette géante en tissu, qu'on ferme en tirant sur une cordelette. Elle peut contenir une poupée, un stylo-plume dans son écrin, des papillotes, un carnet secret, des tas de choses. Il y a un

Père Noël en feutrine collé dessus, avec des brins de laine blanche pour la barbe. Oréon sera bien là-dedans, le temps du trajet vers l'école et de la leçon de conjugaison. Mathilde fait un essai. Si on noue bien la cordelette, il ne sortira pas. Aucun problème pour respirer. La chaussette est spacieuse et douce. On n'entendra pas un bruit, pas un seul petit couinement. Ça a parfois du bon, que les hamsters n'aient pas de voix. Mathilde range tout, prépare la chaussette dans son cartable et retourne se coucher tout excitée.

*

* *

– Dis donc, tu m'as l'air bien réjouie, dit Maman au petit déjeuner. Ce sont les rêves de cette nuit qui te mettent dans cette humeur ?

Mathilde se contente de sourire. Rien ne doit laisser deviner son secret.

Elle mange si vite qu'elle est même en avance pour partir à l'école. La grille n'est pas encore ouverte quand elle arrive devant.

– J'ai apporté mon hamster, chuchote-t-elle à Alicia. Mais chut ! C'est un secret. Je le sortirai à la récré.

En cinq minutes, toute la cour est au courant.

– Mathilde a apporté son hamster ! Ne le dis à personne ! Elle le sort à la récré ! Fais passer !

Le cours de conjugaison est le plus long du monde. La classe étudie le futur.

– Pendant la récréation, je MAN-GE-RAI mon goûter, dit la maîtresse. Mathilde, peux-tu nous dire à quoi tu JOU-E-RAS à la récréation ?

– Pendant le récréation, je JOU-E-RAI avec mon hamster, euh ! Avec mes HALTÈRES, dit Mathilde très vite.

– Tu as des haltères ? demande la maîtresse. Eh bien fais attention de ne pas t'en envoyer un sur le pied. Et je dis bien UN, et non UNE car haltère est du masculin. UN haltère. Des HHHaltères. Et non pas des Zaltères ! Je fais des hhhaltères, et ensuite je me désaltère, ce qui veut dire…

– Je bois un coup ! répond Maxime.

La maîtresse adore enseigner des mots nouveaux.

La récré finit par arriver. Mathilde attrape doucement la chaussette roulée et la fourre dans la grande poche de son K-Way. Elle est légère. Tout petit chouchou, pense-t-elle.

Mais dans la cour, consternation. Au bout de la chaussette, il y a un trou de la taille d'une pièce de un franc. Oréon s'est échappé.

– Tu nous as raconté des bobards ! dit Héloïse.

– Mathilde ne raconte jamais de bobards, fiche-lui la paix, déclare Alicia. Il faut le retrouver.

Mathilde a bien envie de pleurer. Mais la cloche sonne déjà. Elle passe le reste de la matinée à fouiller les recoins de son cartable, à guetter le long des plinthes, à scruter le plancher de la classe. Elle récolte un zéro et une punition. L'après-midi, il y a peinture. Il faut dessiner son animal préféré. Mathilde peint un dragon noir. Tout le monde la regarde d'une drôle de façon.

Le soir à la maison, ça ne va guère mieux.

– Et cette cage, Mathilde, elle est nettoyée ?

Au seul mot de cage, Mathilde a envie de disparaître. Elle change la litière. Elle regarde les petites crottes d'Oréon en forme de grains de riz complet avec attendrissement. Elle garnit la cabane de coton propre. Elle remplit la mangeoire et le biberon. Pour qui ? Pour quoi ?

– Tu la remets à la cuisine, n'est-ce pas ?

– Oui oui. J'arrive.

– Oréon s'est réveillé ?

– Oui, ment Mathilde, mais il est tout de suite allé se recoucher. Il a bien mangé ses graines.

Le dîner est sinistre. Tout le monde

guette la sortie d'Oréon qui ne vient pas. Papa se fâche parce que Mathilde n'avale rien. Maman s'inquiète pour Oréon.

– J'espère qu'il ne s'est pas fait mal. Tu ne l'as pas laissé tomber quand tu l'as sorti au moins ?

– C'est mon hamster et j'en prends soin ! explose Mathilde en éclatant en sanglots.

– Mathilde, je te connais comme si je t'avais faite, dit Maman, tu as fait une bêtise et tu ne veux pas dire quoi.

Elle ouvre la cage, soulève le toit de la maisonnette. Dans la boule de coton, il n'y a personne.

– Il s'est échappé quand tu nettoyais la cage, c'est ça ?

– Ouihihihihiiii ! pleure Mathilde.

Plutôt être découpée en rondelles

que d'avouer qu'elle l'a emporté à l'école.

– Tu es folle ? Tu ne pouvais pas le dire plus tôt ?

Maman bondit de table et se met à fouiller dans tous les vases rugueux de

la maison. Elle vide ceux qui sont garnis, flanque les fleurs dans l'évier, retourne les vases sur la tête pour que personne ne risque de grimper dedans.

Papa vérifie que rien de coupant ni de dangereux ne traîne par terre, comme quand Mathilde était bébé.

– Laissons toutes les portes ouvertes cette nuit, tant pis pour le chauffage, dit Maman. Il n'est sûrement pas bien loin. Par contre il faut bien colmater la porte d'entrée et celle de la cave. Et puis on va mettre la cage ouverte par terre avec plein de graines de tournesol, si ça se trouve, il reviendra de lui-même s'y blottir. Toi Mathilde, va te coucher tout de suite. Et que ça te serve de leçon. Mais enfin, pourquoi ne pas l'avoir dit tout de suite ?

Mathilde les entend chercher longtemps. Ils l'aiment autant que moi, pense-t-elle. Mais au lieu de lui faire plaisir, cette pensée lui déchire le cœur.

Le lendemain matin, dans la salle de classe, c'est l'horreur. Les peintures qui n'étaient pas sèches sont pleines de drôles de traces qui ressemblent à des griffures. Il y a des taches partout. Le gobelet des pinceaux est renversé. Un livre de la bibliothèque traîne ouvert sur le sol, les pages grignotées dans les coins. Les pots de yaourt où les élèves avaient planté des graines de radis et de ciboulette sont par terre.

– Non mais qu'est-ce que c'est que ce chantier? se fâche la maîtresse. Que s'est-il passé ici?

Tous les regards se tournent vers Maxime et Frédéric qui sont toujours prêts à faire les quatre cents coups, mais ils ne sont au courant de rien. Mathilde se met à rougir. Heureusement personne ne la regarde.

– Allez allez, asseyez-vous, dit la maîtresse. Essayez de ne pas marcher dans l'eau.

À ce moment on frappe à la porte. Toc toc toc !

– Entrez.

C'est Mme Marzetta, la femme de ménage.

– Bonjour bonjour ! Pardon de vous déranger, dit-elle à la maîtresse, il faut que je vous dise. Hier soir à cinq heures, quand je suis venue faire la poussière, j'ai entendu des drôles de bruits, et crrr crrr crrr, et fssttt fssttt

fssttt ! Avec l'hiver qu'on a cette année, ça ne m'étonnerait pas qu'on ait des souris dans l'école, peut-être même des rats, j'en ai eu dans ma cave !

– Je vais m'en occuper tout de suite, dit la maîtresse. C'était donc ça. Regardez les saletés que ces sales bêtes nous ont faites. Ma pauvre madame Marzetta, vous avez fait le ménage pour rien. J'irai tout à l'heure acheter de la

mort aux rats, des tapettes à souris et du blé empoisonné.

– Attendez, je crois qu'il en reste

de l'année dernière, dit Mme Marzetta, je vais demander à M. le Directeur. Comme ça vous pourrez en mettre tout de suite.

– Merci beaucoup, c'est bien aimable. Les enfants, vous avez entendu, vous ferez très attention ! Nous allons mettre dans les coins de la pièce des petites graines qui ressemblent à des bonbons roses et bleus. Mais il ne faudra surtout pas les avaler. C'est du poison mortel !

Oréon, pense Mathilde qui devient toute pâle. Oréon, mon chéri ! Au secours, S.O.S., cessez-le-feu, pitié, pitié, miséricorde !!!

– Je me rends ! crie-t-elle tout à coup en levant les mains en l'air.

– Qu'est-ce qu'il y a, Mathilde ? Tu te crois dans un feuilleton ou quoi ?

– C’est moi qui ai fait le coup ! continue Mathilde.

– Mais enfin de quoi parles-tu ?

Mathilde n’en peut plus. Elle éclate en sanglots. Au milieu de ses larmes et de ses hoquets, elle essaie d’expliquer, mais la maîtresse ne comprend rien de rien.

– O ho ho ho ho réon hon hon hon hon !

– Comment ? Tu as les oreillons ? Tu as mal ?

– Non hon hon hon hon ! L’éco ho ho ho hole, les rats ha ha ha ha haaaa !

– Hein ? Le choléra ? Arrête de dire n’importe quoi !

Mathilde n’arrive pas à articuler. Il y a urgence. Alors elle prend son courage à deux mains, elle court au tableau noir, elle attrape une craie et elle écrit :

c'est pas des rats
et des souris, c'est
mon hamster Créon !

Et puis elle revient à sa place en se frottant les yeux. Son visage est tout barbouillé de larmes et de craie.

– Je te félicite, Mathilde, dit la maîtresse. Tu n'as pas fait une seule faute. Je te félicite pour ta phrase, parce que pour le reste… Allons, calme-toi et dis-nous ce qui s'est passé.

Mathilde raconte tout. Le hamster. Son idée de le montrer à ses copines, de lui faire voir du pays. La chaussette trouée.

– Les enfants, dit la maîtresse. Vous allez tous aider Mathilde à chercher son hamster. Il ne doit pas être bien loin. Attention où vous mettez les pieds, ne l'écrasez pas et ne faites pas trop de bruit.

Tous se lèvent en chuchotant très fort. Les uns debout, les autres à quatre pattes, ils examinent les moindres re-

coins. C'est Marion qui finit par trouver Oréon roulé en boule et endormi dans le tas de tabliers de peinture bien chaud.

– Tiens, Mathilde, dit la maîtresse en lui tendant un vieux plumier en bois au couvercle bombé, mets ton ami là-dedans en attendant de le ramener à bon port. Le bois est fendu, il respirera sans problèmes.

On dirait un cercueil, pense Mathilde. Mais être vivant dans un cercueil, c'est mieux qu'être mort dans un pot de peinture fraîche.

– Et pour te faire pardonner les frayeurs que tu m'as causées, tu vas maintenant me laisser me reposer et c'est toi qui va faire le cours. Sujet : les hamsters. Je pense que c'est un sujet qui vous intéresse tous ?

– OOOOUUUIIIIII ! répond la classe.

La maîtresse s'installe sur la chaise de Mathilde et celle-ci va au bureau. Elle est tellement soulagée qu'elle est prête à tout. Ses souvenirs de lecture lui reviennent en tête. Elle va crier à la

classe entière, à la terre entière que les hamsters sont des animaux extraordinaires.

– Le hamster est un animal domestique, commence Mathilde. Il est petit comme une peluche et il ne fait aucun bruit avec sa bouche. Mais ce n'est pas pour cela qu'il faut faire n'importe quoi avec lui. Il a besoin d'être soigné et protégé car il ne peut pas se débrouiller tout seul. Tous les hamsters d'aujourd'hui sont frères et ils aiment la chaleur car ils descendent tous d'une maman hamster qu'un professeur a découvert dans la nature, en Syrie, vers 1935. Cette maman avait le pelage presque rouge, unique au monde. C'est ce qui explique la couleur des hamsters dorés – sauf le mien qui est gris foncé. Les hamsters…

Toute la classe écoute, bouche bée. Ce soir, une centaine d'oreilles de parents entendront la même phrase :

– Aujourd'hui on a parlé de quelque chose de passionnant, à l'école. On a même fait des travaux pratiques. La maîtresse a dit que c'était excellent pour les enfants d'apprendre à s'occuper d'un petit animal.

Et patati et patata.

Les hamsters n'ont pas de voix, mais ils savent très bien se faire comprendre.